STOP MET ROKEN

Een praktische methode om te stoppen met roken

Christelle Chartier

Samenvatting

Voorwoord

Beste lezer,

Bienvenue dans un voyage vers une vie sans tabac, un voyage qui promet de changer votre vie... Dans ce livre, nous abordons l'une des décisions les plus importantes que vous puissiez prendre pour votre santé et votre bien-être : arrêter de roken.

Nu weet ik wat je denkt. Stoppen met roken lijkt misschien een onoverkomelijke berg om te beklimmen, maar laat me je geruststellen: je bent niet de enige op deze reis. Dit boek is bedoeld als uw reisgenoot en uw zorgzame gids bij elke stap.

Laat me je een vraag stellen: stel je voor dat je vrij bent van de ketenen van nicotineverslaving. Stel je voor dat je vrij ademt, je energie en vitaliteit terugkrijgt en de controle over je leven overneemt op manieren die je nooit voor mogelijk had gehouden. Ziet er goed uit, toch?

Welnu, ik ben hier om je te vertellen dat deze droom werkelijkheid kan worden. In dit boek laten we u kennismaken met een beproefde methode om te stoppen met roken, een methode die u zal helpen obstakels te overwinnen, onbedwingbare trek te bestrijden en de controle over uw leven terug te krijgen.

Maar vergis je niet, het zal niet gemakkelijk zijn. Stoppen met roken vergt moed, vastberadenheid en een totale inzet voor uw gezondheid en welzijn. Maar ik kan je beloven dat het de moeite waard is. Elke stap die je op dit pad zet, brengt je een stap dichter bij vrijheid, gezondheid en geluk.

Dus, ben jij klaar om de uitdaging aan te gaan? Ben je klaar om afscheid te nemen van sigaretten en hallo te zeggen tegen een nieuw leven? Als dat zo is, dan is dit boek iets voor jou. Maak je klaar om geïnspireerd, gemotiveerd en begeleid te worden naar een tabaksvrij leven.

Laat het avontuur beginnen!

Hoofdstuk 1

Nicotineverslaving begrijpen

Nicotineverslaving is een fascinerend probleem om te bestuderen en te begrijpen, maar wat zijn de oorzaken, symptomen en hoe het te behandelen?

Er wordt geschat dat één sigaret ongeveer 10 mg nicotine bevat. Deze nicotine stimuleert een krachtige lichamelijke afhankelijkheid. In minder dan 20 seconden (na elke trek) komt het de hersenen binnen zodra het wordt ingeademd! Nicotine heeft een wisselwerking met nicotinereceptoren en reguleert de activiteit van het beloningssysteem door een breed scala aan neurotransmitters vrij te geven, waaronder dopamine. Als gevolg hiervan zullen de nicotinereceptoren geleidelijk toenemen en deze terugkeer zal afhankelijkheid veroorzaken.

Ik zal met u de waarschijnlijke redenen bespreken waarom mensen verslaafd raken aan nicotine.

DE METHODE OM TE STOPPEN MET ROKEN

Nicotine is de belangrijkste stof die ten grondslag ligt aan het verslavende potentieel van tabaksproducten. Zodra je nicotine in je lichaam introduceert, begint het je verlangen naar meer en meer ervan te manipuleren. De consumptie van tabaksproducten zoals sigaretten, sigaren, pijptabak en pruimtabak kan verslavend zijn.

Het is een krachtige verslaving die je centrale zenuwstelsel aantast, nog verslavender dan cocaïne of heroïne. Het duurt minder dan vijf seconden voordat geïnhaleerde nicotine de hersenen bereikt. Inhalatie van nicotine via sigarettenrook wordt ook gebruikt om een anxiolytisch, eetlustremmend en stimulerend effect te verschaffen.

Dit is verslavend en leidt tot fysieke afhankelijkheid. Wanneer u een sigaret rookt, komt nicotine in uw bloedbaan terecht en bereikt snel uw hersenen, waar het chemicaliën vrijgeeft die u tijdelijk energie, geluk, focus of kalmte kunnen geven. Direct na het roken begint het nicotinegehalte in uw systeem te dalen, waarna de ontwenning begint. Dit is het moment waarop uw hersenen en lichaam door het roken geen nicotine meer hebben. U kunt zich misselijk of prikkelbaar voelen als u probeert niet te roken vanwege de ontwenningsverschijnselen van de nicotine. Zodra u echter nog een sigaret neemt , stijgt het nicotinegehalte weer, waardoor u tijdelijk verlichting krijgt van de hunkering en ontwenningsverschijnselen.

Symptomen van nicotineverslaving

Bij het ervaren van nicotineontwenning is prikkelbaarheid een van de belangrijkste symptomen. Rusteloosheid en angst zijn ook aanwezig, en kunnen worden gevolgd door slapeloosheid en vermoeidheid. Zoals hierboven vermeld, verdwijnen deze symptomen binnen slechts een paar weken. Bovendien moet u weten dat sommige mensen zich moeilijk kunnen concentreren en een zeer sterke drang naar roken kunnen hebben, zelfs enkele weken of maanden nadat ze zijn gestopt met roken.

Het is niet altijd gemakkelijk om te stoppen met roken en door het tekort aan nicotine kunt u ontwenningsverschijnselen ervaren. U kunt zich geïrriteerd, boos of verdrietig gaan voelen en moeite hebben met concentreren of slapen. Dit gebeurt omdat uw lichaam reageert op het gebrek aan nicotine dat voorheen in uw bloed circuleerde, waardoor uw verlangen naar nicotine werd veroorzaakt.

Hoewel het onaangenaam is, is nicotineontwenning echter niet gevaarlijk, en als u het roken vermijdt, zullen deze symptomen snel aangenamer worden.

Een van de meest voorkomende bijwerkingen van het starten met nicotine is hoesten, duizeligheid en een droge, krassende keel. Andere mogelijke effecten kunnen ook een gevoel van misselijkheid, een algemeen gevoel van zwakte, milde buikkrampen en matige hoofdpijn, hoesten of kokhalzen zijn. Deze symptomen kunnen na verloop van tijd verdwijnen.

Gezondheidsrisico's geassocieerd met nicotineverslaving

Op basis van onderzoeken en persoonlijke ervaringen kan nicotine als een gevaarlijke stof worden beschouwd als het in hoge concentraties wordt geconsumeerd; Bovendien zouden mensen zich na hun eerste sigaret misselijk of duizelig voelen. De meerderheid zou echter beginnen met roken in de hoop dat deze effecten met de tijd zullen verdwijnen. Na verloop van tijd raakt het menselijk lichaam gewend aan nicotine en daarom hebben rokers de neiging om meer sigaretten te roken.

Het consumeren van welke soort tabak dan ook betekent gokken met je eigen gezondheid, en deze gok kan tot risico's op de lange termijn leiden. Het risico neemt toe voor mensen die tabak roken.

De kans op langetermijneffecten neemt toe als het roken een bepaald aantal of een bepaalde periode overschrijdt.

Qua toxiciteit is nicotine een van de gevaarlijkste stoffen. Als een persoon 40 mg pure nicotine binnenkrijgt, komt dit overeen met het nicotinegehalte van slechts twee sigaretten en is dit voldoende om de dood te veroorzaken. Als u echter een sigaret rookt, wordt 90% van de nicotine verbrand, zodat de persoon via inhalatie slechts tussen de 1 en 4 mg binnenkrijgt.

Fysieke en psychologische afhankelijkheid werken op verschillende manieren; ze zijn echter allebei het gevolg van de reactie van het lichaam op bepaalde stoffen die de chemie van de hersenen beïnvloeden.

De mechanismen van fysieke en psychologische verslaving variëren, maar beide ontwikkelen zich als een individuele reactie op bepaalde stoffen die de chemische balans van de hersenen beïnvloeden.

Het beloningscircuit is aanwezig in onze hersenen. Het genot dat als beloning wordt nagestreefd, komt hoofdzakelijk voort uit verschillende fysiologische situaties: honger, dorst en seksuele activiteit. Nicotine werkt echter door beloningscircuits in de hersenen te stimuleren. In ruil daarvoor geeft het een stof af die dopamine wordt genoemd en die aanleiding geeft tot plezier. Voor de hersenen van een roker is roken dus synoniem met plezier.

Als je meer wilt weten over waarom je wilt stoppen met roken, probeer dan erachter te komen wat jou het meest motiveert om te stoppen met roken.

Tenslotte is het belangrijk om te achterhalen wat jou motiveert om te stoppen met roken en dat tot jouw idee van stoppen te maken. Deze redenen die u in dit boek zult vinden, zullen een geweldige motivatie zijn die u kracht zal geven in moeilijke tijden. Plaats deze redenen ergens waar u ze op elk moment kunt zien en onthoud ze voor het geval er iets gebeurt.

Het vinden van de juiste manier om te stoppen met roken kan een grote bijdrage leveren aan het onder controle houden van uw triggers en het minimaliseren van de hunkering naar roken. Er zijn nog veel meer ondersteunende hulpmiddelen waarbij verschillende soorten stoppen met roken-producten worden gebruikt. Praat met uw zorgverlener over de meest effectieve oplossing om volledig te stoppen met roken.

Rokers stoppen meestal vanwege de effecten van tabak op hun gezondheid. Ook worden redenen genoemd zoals een verandering in levensstijl, de kosten van sigaretten, begeleidende ziekten of het overlijden van een dierbare.

DE METHODE OM TE STOPPEN MET ROKEN

Tabel met afhankelijkheidsniveaus

Niveau van afhankelijkheid	Beschrijving
Zwak	Rookt af en toe, weinig verlangen om te roken.
Gematigd	Rookt regelmatig, voelt de drang om te roken, maar kan zich in bepaalde situaties onthouden.
Leerling	Rook vaak, heb in de meeste situaties trek en kan er moeite mee hebben zich te onthouden.
Heel hoog	Rookt overmatig, heeft voortdurend trek in roken en heeft moeite zich te onthouden, zelfs in situaties waarin dit sociaal ongepast of verboden is.

14

Hoofdstuk 2

Stel doelen en bereid je mentaal voor

Om mentaal voorbereid te zijn op het stoppen met roken, is het essentieel om het belang van mentale voorbereiding te begrijpen.

Om te stoppen met roken moet u uw geest voorbereiden, en dit houdt in dat u uw motivatie moet versterken, uw doelen moet definiëren, die zowel haalbaar als duidelijk moeten zijn, en alle voordelen van een tabaksvrij leven moet visualiseren. Mentale voorbereiding versterkt de wilskracht en stopt terugval.

In dit boek worden methoden besproken die u kunt toepassen om uzelf mentaal en fysiek voor te bereiden op het stoppen met roken. Hij zal de voordelen van stoppen met roken bespreken, wat u tijdens de ontwenning kunt verwachten en de verschillende coping-mechanismen die u kunt gebruiken. Bovendien is het essentieel dat u een datum vaststelt waarop uw laatste sigaret zal zijn en vervolgens een plan op maat ontwikkelt om ervoor te zorgen dat deze wordt uitgevoerd.

Het proces begint door uzelf te informeren over de negatieve effecten van roken en de voordelen van stoppen door middel van een zorgvuldige mentale voorbereiding. Deze kennis helpt je motivatieniveau en sterke toewijding om schoon te worden te versterken.

Stel haalbare kortetermijndoelen vast en formuleer uw stopschema voor het stoppen met roken

Het hebben van een vastgesteld actieplan kan uw kansen vergroten om voorgoed te stoppen met roken. Het is beter om het op papier te schrijven, want dan moet je nadenken over wat er precies moet gebeuren en hoe.

Eén manier om succes bij het bereiken van uw doelen te garanderen, is door haalbare doelen te stellen die geschikt zijn voor uw situatie. Een goed voorbeeld zou zijn om te beginnen met kleinere doelen, zoals een week lang niet roken, en dan op te schuiven naar een maand. Deze stapsgewijze stappen houden u op het goede spoor en dienen ook als een bron van motivatie voor de toekomst.

Om te stoppen met roken en uw gezondheid te verbeteren, zijn er een paar essentiële stappen die u kunt nemen. Houd er rekening mee dat u dit pad niet alleen hoeft te bewandelen. U kunt altijd steun vinden bij zorgverleners, steungroepen of dierbaren. Hoeveel moeite u er ook in steekt, u traint uzelf in de richting van een tabaksvrij leven en verbetert tegelijkertijd uw levenskwaliteit. Toon dus moed en vastberadenheid!

Het is belangrijk om de factoren te onderkennen die deze terugval kunnen uitlokken en vervolgens strategieën te ontwikkelen om hiermee om te gaan.

Dit betekent dat u zich bewust bent van situaties die een bron van verleiding kunnen worden en dat u acties onderneemt om sigaretten te gebruiken in plaats van. Als je bijvoorbeeld naar een feestje gaat waar rokers aanwezig zijn, bedenk dan hoe je weg kunt blijven, of tips om jezelf af te leiden.

Strategiseren: Ontwikkel een actieplan dat zowel kortetermijnmaatregelen als langetermijntactieken omvat.

Dit kan bijvoorbeeld het voornemen omvatten om het roken geleidelijk te verminderen en tegelijkertijd te leren over gezondere triggers en coping-mechanismen.

Bij het stoppen met roken hebben lichaamsbeweging en goede voeding bepaalde voordelen

Hoewel het in dit opzicht weinig wordt onderkend, is fysieke activiteit een van de beste hulpmiddelen om u te helpen stoppen met roken. Dit verbetert het succes van onthouding in de loop van de tijd. Het uitvoeren van matige activiteit verlicht feitelijk de ontwenningsverschijnselen, het verlangen (onweerstaanbare drang om te roken), een negatieve stemming, concentratieproblemen, slaap en gewichtstoename. Een van de grootste zorgen van mensen die stoppen met roken is dit laatste punt. Vanuit statistisch oogpunt komt, wanneer iemand stopt met roken, één op de drie personen niet aan, terwijl een derde tussen de drie en vier kilo aankomt. Het laatste derde deel kan zijn totaalgewicht met zo'n tien kilo zien toenemen. Nicotine zorgt ervoor dat rokers hun smaak, geur en zelfs hun eetlust verliezen.

Daarom hebben deze rokers, zodra u stopt met deze stof, meestal de wens om deze verliezen te compenseren door meer voedsel te consumeren dan normaal, wat leidt tot een toename van het lichaamsgewicht. Als u zich bezighoudt met fysieke activiteiten, kan dit dit effect helpen onderdrukken door het energieverbruik te verhogen. Aarzel niet om indien nodig een specialist te raadplegen.

Eén manier om te helpen is door dagelijks een wandeling te maken om uw gewicht onder controle te houden en eventuele hongergevoelens te stoppen.

Om de gunstige effecten van stoppen met roken te behouden en ervan te profiteren, moet u goed voor uw lichaam zorgen en goede levensstijlgewoonten aanleren. Bloedcirculatie is essentieel om de beste gezondheidsomstandigheden te garanderen. Met elke rookvrije dag komt u dus dichter bij een betere bloedcirculatie en een betere levenskwaliteit.

Er zijn verschillende ondersteuningssystemen en middelen waarop u kunt vertrouwen om te stoppen met roken

Programma's voor stoppen met roken zijn gericht op rokers en moeten de moeilijkheden aanpakken die men tegenkomt bij het stoppen met roken. Deze programma's bieden ondersteunende, niet-oordelende hulp en zullen u motiveren om uw doel te bereiken.

Er zijn een aantal hulpmiddelen en hulpmiddelen tot uw beschikking die u kunnen helpen stoppen met roken en de vooruitgang die u heeft geboekt, vast te houden. Dit omvat, maar is niet beperkt tot, nicotinevervangende therapieën, medicijnen, advies, apps, websites, boeken, podcasts, enz. Bovendien leert u hoe u omgaat met uitdagingen en mogelijke tegenslagen die zich tijdens uw reis kunnen voordoen.

Als u wilt stoppen met roken, kunnen hiervoor verschillende methoden worden toegepast. Het is het beste om een "à la carte programma" samen te stellen op basis van wat voor u het nuttigst en praktischst is. Zou lid worden van een steungroep met hetzelfde doel, zoals stoppen met roken, werken? Moeten we nicotinevervangers gebruiken of niet? In uw "programma" kunnen ook verschillende benaderingen worden gecombineerd.

Blijf gemotiveerd tijdens de stappen om te stoppen

Het is waar dat stoppen met roken een grote uitdaging kan zijn; het is echter niet onhaalbaar. Als u over de juiste vastberadenheid, technieken en middelen beschikt, kunt u obstakels overwinnen en erin slagen een rookvrij leven te leiden. Een van de positieve effecten van stoppen met roken op uw welzijn is dat het uw gezondheid kan verbeteren en daardoor uw energieniveau kan verhogen, terwijl uw humeur, creativiteit en productiviteit worden verbeterd. Het kan u ook geld, tijd en stress besparen. Stoppen met roken is een van de slimste keuzes die u kunt maken, zowel voor uzelf als voor uw gezondheid. Je kunt het!

Stoppen met roken is een van de moeilijkste taken. Dit vergt veel wilskracht. Roken is zeer verslavend en schaadt uw fysieke, mentale en emotionele gezondheid. Uw bedrijf waar u werkt kan ook negatief worden beïnvloed, zoals lage prestatieniveaus en verminderde productiviteit. Daarom is het overwinnen van de obstakels bij het stoppen met roken erg belangrijk voor zowel uw persoonlijke leven als uw professionele succes.

Het is heel belangrijk om de wil om te stoppen vast te houden door middel van overwinningen, zelfs de kleinste. Of het nu gaat om het belonen van jezelf of het delen met dierbaren, het vieren van behaalde mijlpalen baant de weg voor zelfvertrouwen en blijft een element in het versterken van je motivatie.

DE METHODE OM TE STOPPEN MET ROKEN

Hoe te stoppen met roken

Doelen	Te ondernemen acties
Stel een stopdatum in	Kies een specifieke datum om te stoppen met roken en noteer deze in uw agenda. Communiceer deze beslissing met uw dierbaren om hun steun te krijgen.
Identificeer triggers	Maak een lijst van situaties, emoties of gewoonten die de drang om te roken opwekken. Identificeer alternatieve strategieën om deze triggers te beheersen zonder toevlucht te nemen tot sigaretten.
Stel kortetermijndoelen vast	Stel haalbare doelen voor elke week of maand, zoals het verminderen van het

aantal sigaretten per dag, het vinden van vervangende activiteiten voor sigarettenpauzes, enz.

Stel beloningen in

Identificeer beloningen voor elke stap die u zet om volledig te stoppen met roken. Het kan een klein geschenk zijn, een speciaal uitje of een ander plezier dat u motiveert.

Bereid je voor op ontwenningsverschijnselen

Lees meer over mogelijke ontwenningsverschijnselen en manieren om deze te verlichten, zoals lichaamsbeweging, meditatie, nicotinevervangende therapie, enz. Bereid u mentaal voor op deze uitdagingen.

DE METHODE OM TE STOPPEN MET ROKEN

Visualiseer de voordelen van stoppen	Maak een lijst van de voordelen voor uw gezondheid, financieel welzijn en sociale relaties als u stopt met roken. Visualiseer jezelf als een niet-roker en voel de trots en vrijheid die dit met zich meebrengt.
Stel een actieplan op	Maak een gedetailleerd plan voor het omgaan met terugvalrisicosituaties, zoals stressvolle tijden of sociale gebeurtenissen. Identificeer specifieke strategieën om sterk te blijven ondanks verleidingen.
Vind steun	Zoek naar mensen die u tijdens uw reis kunnen ondersteunen, of het nu vrienden, familieleden, steungroepen of gezondheidswerkers zijn. Onderschat het belang van sociale steun bij het stoppen met roken niet.

DE METHODE OM TE STOPPEN MET ROKEN

Hoofdstuk 3

Ontwikkel strategieën voor stressbeheer

Een van de belangrijkste manieren om te stoppen met roken is het bepalen van de stressoren die deze rookactie stimuleren.

De beslissing om te stoppen met roken kan afhangen van de vraag of de stress hoog of laag is. Hoge stress vermindert de wilskracht terwijl het verlangen toeneemt; dus het kan veel moeilijker zijn om op deze manier te stoppen. Stress heeft een emotionele component die negatieve gevoelens stimuleert en het verlangen benadrukt om terug te keren naar oude gewoonten op zoek naar verlichting in het huidige moment.

Als iemand stopt met roken, is dat vaak een bron van stress. Maar wat is de oorzaak van deze stress? Roken gaat niet alleen over verslaving; voor sommige mensen is roken een coping-mechanisme dat ze hebben geleerd als ze zich gestrest voelen, of een handeling die automatisch gebeurt als ze angstig zijn, of zelfs de enige manier om te ontspannen na een drukke dag. Stoppen met roken betekent niet alleen het elimineren van fysieke middelen, maar ook van middelen die lange tijd worden gebruikt om spanning te beheersen.

Het verband tussen stress en roken kan niet worden ontkend. Als u een roker bent, is het niet ongewoon om in tijden van stress naar sigaretten te gaan als uw eerste impuls. Dit resulteert in een onmiddellijke ontspanningsreactie. Nicotine in tabak heeft een directe invloed op de hersenen door in te werken op neurotransmitters en dopamine vrij te geven, wat een verkwikkend gevoel creëert.

Neem de tijd en ontdek hoe u kunt ontspannen en effectiever met uw stress kunt omgaan

Ontspanningstechnieken: Het is van cruciaal belang dat mensen tijd hebben waar ze niet gestoord worden, waar ze gewoon kunnen zitten en ontspannen. Er zijn verschillende ontspanningstechnieken die we zullen ontdekken, zoals diepe ademhaling, spierontspanning en enkele goede hobby's of activiteiten waar je plezier in vindt. Het vinden van een moment van rust gedurende de dag helpt het evenwicht te herstellen en het stressniveau te verminderen.

Het stressbeheersingsprogramma integreert ontspanningstechnieken met ademhalingsoefeningen. Het belangrijkste doel is om in korte tijd innerlijke rust te helpen vinden, zonder bang te hoeven zijn om door emoties te worden meegesleept. Bovendien helpt het stressgerelateerde symptomen zoals hartkloppingen of hoge bloeddruk te verminderen.

Om de stressniveaus tot een minimum te beperken, moeten rokers overwegen ontspanningstechnieken in hun dagelijks leven te gebruiken. Diepe ademhalingsoefeningen, meditatie, yoga of andere activiteiten kunnen de geest kalmeren en de emotionele gezondheid bevorderen.

Regelmatige en aanhoudende fysieke activiteit wordt aanbevolen om het stressniveau in uw leven te verminderen

Lichamelijke activiteit is een effectieve manier om stressniveaus te verminderen en psychologisch evenwicht te bereiken. Lichaamsbeweging zorgt ervoor dat endorfine in uw systeem vrijkomt, een hormoon dat u een goed gevoel geeft. Ze helpen angst te verminderen en ontspanning te bevorderen. Het maakt niet uit of je hardloopt, een fitnessles volgt of in een snel tempo wandelt, oefeningen voor stressbeheersing kunnen wonderen verrichten.

Er worden hier drie oefeningen genoemd die je stressniveau kunnen verlagen. Ze vergemakkelijken de basisprincipes voor uw gezondheid, zoals langzaam en diep ademhalen en bijvoorbeeld uw geest op een voorwerp concentreren. Geloof het of niet, maar dit zal voor jou werken, ongeacht de situatie! Als de ene oefening niet werkt, ga dan gewoon verder met een andere. Je zult zien dat je door "regelmatige" oefening al snel in staat zult zijn om stress onder controle te houden en te beheersen zonder er zelfs maar over na te denken.

Lichamelijke activiteit is niet alleen een manier van leven om de lichamelijke gezondheid te behouden, maar ook om stress te beheersen. Lichaamsbeweging veroorzaakt het vrijkomen van endorfines, die op natuurlijke wijze de stemming stimuleren en de cortisolspiegel helpen verlagen; het is het hormoon dat verantwoordelijk is voor stress. Het maakt niet uit of het hardlopen, yoga of teamsporten zijn. Het belangrijkste is om een activiteit te vinden die je leuk vindt en waarmee je spanning kunt loslaten. Dit kan een geweldige coping-strategie zijn.

Mindfulness en meditatie zijn een effectieve manier om het mentale welzijn te verbeteren

Door een actieve gewoonte van bewuste meditatie te ontwikkelen, kan iemand zijn gedachten en emoties op positieve en nuttige manieren beheersen. Het is een manier om de algehele stemming te verbeteren en tegelijkertijd chronische angst, sociale angst en gegeneraliseerde angststoornis (chronisch) te bestrijden.

Mindfulness en meditatie: Mindfulness en meditatie zijn de afgelopen jaren steeds populairder geworden, wat getuigt van het feit dat ze voor veel mensen werken. Deze technieken zijn bedoeld om in het huidige moment te blijven en vrede en helderheid te bevorderen. Een paar minuten mindfulness of meditatie per dag kan diepgaande effecten hebben, waaronder een verlaagd stressniveau, een groter zelfbewustzijn en een verbeterd psychologisch welzijn.

Om stress te verminderen is het belangrijk om voldoende te slapen.

Wat het probleem daadwerkelijk zou oplossen, is ervoor zorgen dat je elke nacht voldoende slaap krijgt. Iedereen heeft zijn eigen aantal uren slaap nodig, maar gezondheidswerkers zeggen dat volwassenen ongeveer 7 tot 9 uur slaap per nacht moeten krijgen. Als je moeite hebt met slapen, kun je het beste beginnen met een goede slaaphygiëne.

Slaap en stress zijn twee onderwerpen die een unieke connectie hebben. Stress kan de kwaliteit van je slaap verminderen, dus als je last hebt van stress, betekent dit dat je minder goed slaapt.

Een gebrek aan slaap kan echter ook tot stress leiden. Uit onderzoek is gebleken dat 36,3% van de volwassenen met slapeloosheid aan chronische stress lijdt, maar slechts 23,2% werd gerapporteerd onder volwassenen die erin slaagden voldoende te slapen. Dit kan een vicieuze cirkel worden als u dit probleem niet oplost.

Een rusteloze slaap garandeert nauwelijks een goede dag. Aan de andere kant kan goed slapen het gevoel bevorderen dat je de dag aankunt. Algemene vermoeidheid heeft echter de neiging het adrenalineniveau te verhogen en rust zorgt voor een grotere productiviteit. Slaap is erg belangrijk voor het functioneren en helpt stress te beheersen.

Het is mogelijk dat iemand vervangers ontdekt die hem kunnen helpen met stress om te gaan, zonder nicotine of tabak.

Er wordt voorgesteld om de gebruikelijke negatieve actie te vervangen door een actie die een goede gezondheid bevordert, waardoor stress wordt verminderd (zonder de ongewenste effecten van nicotine). Misschien merk je dat er naast sigaretten en alcohol nog veel meer dingen zijn die je kunt gebruiken om te ontspannen. Probeer er dus een te vinden!

DE METHODE OM TE STOPPEN MET ROKEN

Er zijn veel manieren om zonder stress te stoppen met roken. We hebben een aantal strategieën besproken die u kunnen helpen, waaronder ontspanning op uw reis naar een rookvrij leven.

Stressmanagement kan op verschillende manieren worden benaderd, maar kan worden onderverdeeld in negatieve (roken) en positieve (bewegende) methoden. Het is essentieel om gezonde manieren te vinden om uw welzijn te verbeteren en te bepalen wat het beste voor u werkt als u met stressoren wordt geconfronteerd.

Strategie voor stressbeheer	Beschrijving	Voordelen	Nadelen
Diep ademhalen	Oefen langzaam en diep ademhalen om het zenuwstelsel te kalmeren.	Snel te implementeren, overal mogelijk.	Vereist oefening om onder de knie te krijgen.

Lichaamsbeweging	Regelmatige fysieke activiteit vermindert stress door endorfines vrij te maken en de stemming te verbeteren.	Verbetert de algehele gezondheid, verlicht spierspanning.	Vereist tijd en motivatie.
Meditatie / Mindfulness	Mindfulnessoefeningen om je te concentreren op het huidige moment en angst te verminderen.	Verbetert de concentratie, vermindert negatieve gedachten.	Kan in eerste instantie moeilijk lijken, vereist regelmatige oefening.
Beheer van tijd	Plan en organiseer taken efficiënt om overbelasting te voorkomen.	Vermindert het gevoel van urgentie, zorgt	Het kan zijn dat er regelmatig

		voor een betere organisatie.	aanpassingen nodig zijn.
Uitdrukking van emoties	Druk uw emoties op een gezonde manier uit door met een vriend te praten, in een dagboek te schrijven of door kunstzinnige therapie te beoefenen.	Verlicht emotionele stress, bevordert het oplossen van problemen.	Het kan tijd kosten om manieren van expressie te vinden die werken.

Hoofdstuk 4

De juiste methode kiezen om te stoppen met roken

Bij het overwegen van manieren om te stoppen met roken, is de cold turkey-methode een optie waarbij je abrupt en zonder strategie stopt met roken.

Is er een betere manier om te stoppen met roken? Uiteindelijk is de vraag niet of je stopt met het eten van koude kalkoen of hete kalkoen; het gaat erom dat u erop kunt vertrouwen dat uw methode voor u zal werken.

Om succesvol te stoppen met roken heb je één magisch ingrediënt nodig: je wilskracht. Dus als het de mensen om je heen zijn die je onder bedreiging de sprong laten wagen, zorg er dan voor dat je inspanningen tevergeefs zullen zijn.

Als u zichzelf echter als een zware roker beschouwt, ga er dan niet van uit dat u onmiddellijk kunt stoppen met roken. Plotseling stoppen is nooit een goed idee en het werkt zelden. Om te stoppen met een echte verslaving en voor de eerste keer te stoppen met roken , is het erg belangrijk om een paar stappen te volgen. Dit soort verslaving is inderdaad zowel psychologisch als gedragsmatig en verdwijnt niet plotseling, maar na verloop van tijd. Hier zijn de verschillende fasen van het stoppen met roken-proces.

Het gebruik van producten zoals tandvlees, pleisters en zuigtabletten is onderdeel van de nicotinevervangingstherapie.

Als in plaats van sigaretten nicotinevervangers worden gebruikt, kan dit een nicotinevervangende therapie zijn. Deze producten voorzien het lichaam van de nicotine die het nodig heeft tijdens het ontwennen, zonder uw lichaam te onderwerpen aan alle andere giftige chemicaliën die in sigaretten voorkomen. In plaats van een sigaret die je een 'hit' nicotine geeft; deze alternatieven geven het medicijn langzamer en voorzichtiger af. Op deze manier worden de nicotinereceptoren niet gestimuleerd, maar gevuld; waardoor hun verlangen naar nicotine wordt verminderd. Uiteindelijk zul je je vervangende vervangers niet meer hoeven te consumeren, omdat je lichaam niet langer naar nicotine verlangt. Je hebt eindelijk de ketenen van je fysieke verslaving aan sigaretten verbroken!

Om te helpen bij het ontwennen van nicotine, zijn er verschillende nicotinevervangende therapieën, waaronder pleisters, kauwgom, zuigtabletten of tabletten, een inhalator , enz. Deze nicotinevervangers kunnen de symptomen helpen verminderen of elimineren die gepaard gaan met nicotineontwenning, zoals nervositeit, prikkelbaarheid, concentratieproblemen, depressieve stemming en verhoogde eetlust. Met het gebruik van deze vervangers verdwijnt het verlangen om te roken geleidelijk totdat het niet meer bestaat. Het succespercentage van deze behandelingen is vrij hoog: ze vergroten uw kansen om gedurende minimaal 6 maanden te stoppen met roken met 50 tot 60%.

Bovendien kunnen kauwgom en zuigtabletten ook helpen de drang om te roken onder controle te houden, aangezien ze indien nodig worden gebruikt. Nicotine komt vanuit nicotinevervangers via de slijmvliezen, zoals kauwgom en zuigtabletten, in de bloedbaan terecht. Als u probeert te stoppen met roken, is het belangrijk om twee keer op de kauwgom te kauwen en deze vervolgens een paar minuten tegen uw wang te houden.

Voor voorgeschreven medicijnen is het gebruik van medicijnen zoals bupropion en varenicline zeer effectief.

DE METHODE OM TE STOPPEN MET ROKEN

Dit zijn twee soorten medicijnen die u kunnen helpen stoppen met roken en die gewoonlijk worden voorgeschreven als u niet bent gestopt met roken met nicotinevervangende producten.

U dient een arts te raadplegen die de effectiviteit ervan en de mogelijke bijwerkingen zal controleren. Deze twee behandelingen worden niet aangeboden aan zwangere vrouwen, vrouwen die borstvoeding geven en aan mensen jonger dan 18 jaar die verslaafd zijn aan sigaretten, maar varenicline is alleen op recept verkrijgbaar en wordt vergoed door de zorgverzekering als onderdeel van het stoppen met roken.

Het medicijn bupropion is een van de goedgekeurde behandelingen om u te helpen stoppen met roken. Dit kan worden gegeven als nicotinevervangers niet effectief zijn of niet geschikt voor u. Tijdens de behandeling dient u door een beroepsbeoefenaar in de gezondheidszorg te worden geadviseerd. Bij het gebruik van bupropion kunnen ernstige bijwerkingen optreden , zoals huidreacties of allergieën, slapeloosheid, duizeligheid en hoofdpijn.

Als rokers geen verlichting krijgen door nicotinevervangers en stoppen met roken niet lukt, kunnen specifieke medicijnen zoals bupropio , Zyban en varenicline worden voorgeschreven. Deze behandeling vereist echter nauwlettend medisch toezicht en is slechts een tweedelijnsbehandeling bij volwassen patiënten met een hoge mate van tabaksverslaving .

Om te stoppen met roken en nicotineverslaving tegen te gaan, is auriculotherapie een effectieve behandelmethode gebleken. Hier concentreert de beoefenaar zich op specifieke punten op oorhoogte. Bovendien kan een punt op de pols of het stimuleren van punten die helpen bij het beheersen van stemmingsstoornissen en stress die verband houden met het stoppen met roken, ook effectief zijn.

Acupunctuur is een van de beste alternatieve geneeswijzen om u te helpen stoppen met roken. Veel mensen hebben getuigd dat zij dankzij acupunctuur konden stoppen met roken. Van de 321 tabaksontgiftingscentra die in Frankrijk zijn bestudeerd door een onderzoek van het Franse Tabaksbureau, maakten er 47 gebruik van acupunctuur.

Acupunctuur is een van de effectieve manieren om te stoppen met roken. Acupunctuur als antirookbehandeling heeft veel voordelen. Ten eerste helpt het bij het wegwerken van onaangename ontwenningsverschijnselen als gevolg van het stoppen met roken door het vrijkomen van endorfines. Tegelijkertijd zorgt het gevoel van terugtrekking ervoor dat rokers weer beginnen met roken.

Onder de zachtere methoden kan hypnose een geweldige manier zijn om u te helpen stoppen met roken. Het voorafgaande consultatiegesprek met een hypnotiseur zal u helpen bij het definiëren van uw doel en motivatie om te stoppen met roken en hoe dit uw dagelijks leven heeft beïnvloed.

Stoppen met roken door middel van hypnose kan inderdaad een invloed hebben op de gedragsverslaving aan tabak. Houd er echter rekening mee dat het enkele dagen kan duren tussen de hypnosesessie en het bereiken van uw doel om te stoppen met roken.

Stoppen met roken kan met succes worden behandeld met behulp van hypnose. Zodra de roker is gehypnotiseerd, krijgt hij of zij de controle terug en besluit hij of zij te stoppen met roken. Sigaretten worden gezien als nutteloos, als vreemde elementen. De motivatie van een roker zou alleen van binnenuit moeten komen. Als iemand anders, familie, vrienden of professionals de persoon ertoe aanzetten om te stoppen, zal falen waarschijnlijk onvermijdelijk zijn.

Door meerdere benaderingen te gebruiken, beschikt u over een combinatie van technieken die u kunnen helpen stoppen met roken.

Overweeg om een 'programma' op te zetten op basis van wat voor u het meest effectief zou zijn. Zou het helpen om lid te worden van een steungroep? Gebruik jij nicotinevervangers of niet?

Hulpmiddelen voor het stoppen met roken kunnen met u werken aan uw triggers en het hunkeren naar roken verminderen. Raadpleeg uw arts om het juiste product te selecteren om uw kansen op succesvol stoppen met roken te vergroten.

Beschrijving   **Voordelen**   **Nadelen**

DE METHODE OM TE STOPPEN MET ROKEN

Stop van de ene op de andere dag met roken zonder toevlucht te nemen tot nicotinevervangers.	- Verwijdert snel nicotine uit uw systeem. - Kan een gevoel van beheersing en vastberadenheid geven.	- Ontwenningsverschijnselen kunnen heftig zijn. - Kan moeilijk te onderhouden zijn zonder extra ondersteuning.
Het gebruik van producten zoals nicotinepleisters, kauwgom, zuigtabletten of inhalatoren om een gecontroleerde dosis nicotine toe te dienen	- Helpt ontwenningsverschijnselen te verminderen. - Maakt een geleidelijke vermindering van de nicotineafhankelijkheid mogelijk.	- Kan duur zijn, afhankelijk van de gebruiksduur. - Risico op langdurige afhankelijkheid bij verkeerd gebruik.

zonder sigaretten te

roken.

Gebruik van

| gedragsondersteunen de programma's, zoals cognitieve gedragstherapie (CGT), om gewoonten, gedachten en emoties die verband houden met roken te veranderen. | - Helpt bij het identificeren en beheren van triggers voor tabaksgebruik
- Biedt strategieën voor het omgaan met onbedwingbare trek. | - Kan een langdurige inzet vereisen voor blijvende resultaten.
- vereist vaak de steun van een gekwalificeerde beroepsbeoefenaar in de gezondheidszorg. |

DE METHODE OM TE STOPPEN MET ROKEN

Het gebruik van medicijnen zoals bupropion (Zyban) of varenicline (Champix) om het hunkeren naar en ontwenningsverschijnselen te verminderen.	- Kan de kans op succes bij het stoppen met roken vergroten. - Helpt ontwenningsverschijnselen te verlichten.	- Kan ongewenste bijwerkingen hebben. - vereist een medisch consult om een recept te verkrijgen.

DE METHODE OM TE STOPPEN MET ROKEN

hoofdstuk 5

Terugval beheren

Het is essentieel om meer te weten te komen over de triggers en factoren die kunnen leiden tot terugval na het stoppen met roken

Door deze triggers en patronen te analyseren, kunnen we de rookgewoonte identificeren. Het gaat over het aanleren van een nieuwe reeks gewoonten die bevorderlijk zijn voor een tabaksvrij leven. De truc is om kennis over deze gewoonten te vertalen naar praktische strategieën om mensen te helpen rookvrij te leven.

Om van deze gewoonte af te komen, moet iemand de triggers van roken opzoeken en vermijden. Rokentriggers zijn prikkels in de omgeving of in de stemming van een persoon die de drang om te roken veroorzaken. Stress, verveling, woede, angst of groepsdruk kunnen bijvoorbeeld triggers zijn voor het roken. De beste manier om deze triggers te vermijden, is door u ervan bewust te zijn en u voor te bereiden. U kunt bijvoorbeeld ontspanningsmethoden toepassen zoals diepe ademhalingsoefeningen, meditatie of zelfs yoga voor en tijdens tijden van stress. Als u zich verveelt of angstig bent en het roken niet kunt weerstaan, kunt u altijd op zoek gaan naar andere alternatieven die uw gezondheid ten goede komen, zoals kauwgom, water drinken of een tussendoortje eten. Zoek bovendien steun bij vrienden, familie of collega's die niet-rokers zijn of proberen te stoppen.

Cognitieve gedragstherapie (CGT) is een effectieve behandeling die zich richt op de onderliggende redenen waarom mensen roken, zoals stress, gewoonte of plezier, en strategieën ontwikkelt om roken te vervangen. Hoewel cognitieve gedragstherapie alleen al de kans op succesvol stoppen met roken met ongeveer 50% kan vergroten, vereist het een inzet van de kant van de persoon, zowel in termen van tijd als emotionele investering. Meestal zijn er enkele sessies nodig voordat positieve resultaten worden bereikt.

Maak een terugvalpreventieplan op maat, afgestemd op uw behoeften en voorkeuren

Als onderdeel van uw reis om te stoppen met roken is het belangrijk dat u uw omgeving beoordeelt en aanpast. Op deze manier zul je in staat zijn een aantal 'risicovolle situaties' te identificeren die je er eerder toe brachten te roken, en je ermee te identificeren.

Ontwerp een strategisch plan: Definieer een plan dat kortetermijnacties en langetermijnstrategieën omvat. Een voorbeeld hiervan zou het herkennen van de triggers kunnen zijn die tot roken leiden en het vinden van andere coping-mechanismen die gezonder zijn voor uw gezondheid.

Eén techniek die u kunt gebruiken, is uw beloningen definiëren en de frequentie ervan instellen. Het is mogelijk dat als u een duidelijk plan heeft en een duidelijk schema van wanneer u uzelf beloningen geeft, dit u zal helpen gemotiveerd en gefocust te blijven tijdens het stopproces. Een manier om dit te doen is het maken van een diagram of kalender om uw mijlpalen te markeren, evenals de beloningen die u verdient voor het bereiken ervan. Daarnaast kunt u mobiele apps of websites gebruiken waarmee u uw voortgang kunt volgen en u kunt herinneren aan toekomstige beloningen. Aan het begin van het stoppen met roken, en wanneer de trek en de terugtrekking op hun hoogtepunt zijn, kun je jezelf regelmatig belonen met kleine lekkernijen. Een goed voorbeeld is om elke dag, week, maand of jaar dat je geen roker bent, je inspanningen te waarderen.

cognitieve gedragstherapie (CGT) en pas ze toe om de hunkering naar voedsel te verminderen en negatieve gedachten af te weren.

Cognitieve gedragstherapie (CGT) wordt algemeen erkend als de beste behandeling voor verslaving, zoals u zult hebben begrepen. Deze vorm van psychotherapie maakt gebruik van verschillende psychologische technieken en strategieën om rookgewoonten voor eens en voor altijd te elimineren.

Het maakt het mogelijk om zowel het psychologische (cognitieve) aspect van verslaving als het gedragsaspect ervan te behandelen. De therapeut, die vaak een psycholoog of arts is, zal zich concentreren op de gedachten en overtuigingen van de patiënt met betrekking tot sigaretten en situaties identificeren waarin hij of zij rookt.

Copingstrategieën ontwikkelen: Het gebruik van cognitieve gedragstherapie helpt copingstrategieën te ontwikkelen om met onbedwingbare trek en ontwenningsverschijnselen om te gaan. Hierdoor beschikt iemand over de middelen die nodig zijn om moeilijke tijden in het proces van stoppen met roken te overwinnen.

Vraag je geest om mindfulness- en stressreductiemethoden te ontwikkelen.

Om te gaan met dagelijkse stress en omvat activiteiten zoals sport en mindfulness-meditatie.

Jij kunt jouw stress onder controle houden! Je versterkt je vastberadenheid door zelfbewustzijn te gebruiken en te herkennen wat je stress veroorzaakt. Het veranderen van iemands levensstijl kost tijd en moeite, dus wees niet te streng voor jezelf: het is normaal dat je ups en downs hebt als je probeert te stoppen met roken. Er wordt vaak gezegd dat iedereen die gestopt is met roken een superheld is en iets buitengewoons heeft bereikt. Erken je overwinningen en accepteer je tegenslagen, want die horen bij het mens-zijn en daar ligt jouw kracht.

Het is gebleken dat bewuste ademhalingsoefeningen, aandacht besteden aan lichamelijke gewaarwordingen en het observeren van gedachten over roken en komen zonder enig oordeel ook meditatieve technieken zijn die deze verlangens helpen verminderen, waardoor ze een gezond alternatief worden voor nicotineverslaving.

Stoppen met roken kan gemakkelijker worden gemaakt met nicotinevervangende therapie (NRT) of medicijnen. Stoppen met roken kan ontwenningsverschijnselen veroorzaken, waaronder onbedwingbare trek, prikkelbaarheid, angst en depressie, waardoor het moeilijk kan worden om op het goede spoor te blijven. Deze NRT's of medicijnen kunnen deze symptomen helpen verminderen, waardoor u uw succespercentage bij het stoppen met roken kunt vergroten. Verschillende soorten NRT-producten, zoals pleisters, kauwgom, zuigtabletten, inhalatoren en sprays, leveren kleine doses nicotine in het lichaam, maar zonder alle schadelijke chemicaliën die in sigaretten voorkomen. Als het gaat om medicamenteuze behandeling, kunnen medicijnen zoals bupropion en varenicline u helpen uw nicotineverslaving en hunkeren naar nicotine te onderdrukken, terwijl de lonende effecten van roken worden geblokkeerd. U kunt eventueel contact opnemen met uw arts of apotheker om te bepalen welke optie het beste voor u is.

Hoewel andere benaderingen van nicotinevervangende therapie in verband worden gebracht met een klein aantal onderzoeken, kunnen cognitieve therapieën een optie zijn om te stoppen met roken.

Neem de macht over jezelf terug en laat je ook na een terugval leiden.

Je kunt jezelf belonen voor de veranderingen die je hebt aangebracht en de prestaties die je tot nu toe hebt bereikt. Anders kan je motivatie na een tijdje verdwijnen. Dit kan het stellen van korte- en langetermijndoelen omvatten, zoals het verminderen van het aantal gerookte sigaretten per dag, een week niet roken of helemaal stoppen. Elke prestatie moet gevierd worden, hoe klein ook. Dus als je een mijlpaal op je reis bereikt, aarzel dan niet om jezelf te belonen met iets leuks, zoals een film kijken, een maaltijd nuttigen of jezelf een cadeau geven. Schrijf alle beloningen op die je jezelf geeft en hoe je je voelt. Om een voorbeeld te geven: als het je lukt een hele week niet te roken, kan de beloning een massage zijn, waardoor je je zowel ontspannen als kalm voelt.

Positieve bekrachtiging is een psychologische regel die stelt dat het waarschijnlijker is dat gedrag dat tot prettige uitkomsten leidt, zich opnieuw zal voordoen, en dat gedrag dat tot onaangename uitkomsten leidt, minder waarschijnlijk opnieuw zal voorkomen. U kunt dit principe tijdens uw stoppen met roken-proces gebruiken om meer plezier te hebben en tegelijkertijd uw kansen op succes te vergroten. Met deze tips leert u hoe u uzelf kunt belonen en elke mijlpaal kunt vieren.

De vierde en laatste stap die je moet nemen, is jezelf blijven pushen en niet stoppen met het proberen van nieuwe dingen. Het vereist dat u gemotiveerd blijft, gelooft in uw capaciteiten en absoluut zeker bent van de positieve resultaten die stoppen met roken zal opleveren, waaronder een betere gezondheid, een beter uiterlijk, financiën en een betere kwaliteit van leven. Doorzettingsvermogen kan ook betekenen dat je hulp vraagt en accepteert van anderen, zoals een arts of therapeut, familielid, vrienden of online steungroepen, naast andere bronnen van hulp, en zelfs eropuit gaat om elke mijlpaal te vieren.

DE METHODE OM TE STOPPEN MET ROKEN

Ontwenningsverschijnsel	Beheerstrategieën
Verlangen naar roken	- Oefen diep ademhalen of spierontspanning om je geest te kalmeren. - Houd uzelf bezig met een afleidende activiteit, zoals lezen, knutselen of lichamelijke inspanning. - Gebruik positieve denktechnieken om uzelf te herinneren aan de redenen waarom u besloot te stoppen met roken.
Prikkelbaarheid	- Beweeg regelmatig om endorfines vrij te maken en uw humeur te verbeteren.

- Oefen ontspanningstechnieken zoals yoga of

meditatie om stress te verminderen.

- Vertel uw gevoelens aan een vriend of

familielid om de spanning te verlichten.

- Oefen diepe ontspanningsoefeningen zoals

buikademhaling of geleide visualisatie.

- Probeer kalmerende activiteiten zoals

tuinieren, schilderen of luisteren naar

ontspannende muziek.

- Raadpleeg een zorgverlener voor

aanvullende ondersteuning als de angst

aanhoudt.

Spanning

Slaapstoornis	- Zorg voor een regelmatige slaaproutine door elke dag op hetzelfde tijdstip naar bed te gaan en op te staan. - Beperk de consumptie van cafeïne en alcohol, vooral aan het eind van de dag. - Vermijd felle schermen voordat je naar bed gaat en creëer een slaapvriendelijke omgeving in je slaapkamer.
Verhoogde eetlust	- Kies gezonde vezelrijke snacks zoals fruit, groenten of noten om uw honger te stillen. - Drink veel water om gehydrateerd te blijven en de onbedwingbare trek te verminderen - Beweeg regelmatig om extra calorieën te verbranden en een stabiel gewicht te behouden.

Hoofdstuk 6

Adopteer nieuwe levensstijlgewoonten

Om de rookgewoonte te doorbreken, kunt u proberen een gezondere levensstijl aan te nemen en tabaksvervangers te vinden om nieuwe positieve gewoonten te creëren.

De wens om nieuwe, gezonde gedrags- en levensstijlgewoonten aan te nemen is essentieel bij het vervangen van roken. Dit kan bijvoorbeeld inhouden dat u alternatieve hobby's gaat beoefenen en dat u effectiever met uw stress omgaat. Om deze veranderingen door te voeren, moet u zich in de loop van de tijd inzetten en gemotiveerd blijven.

Zowel groepstherapie als sociale steun spelen vaak een belangrijke rol, omdat ze een atmosfeer van interactie mogelijk maken waarin men zijn ervaringen en gevoelens met anderen onder vergelijkbare omstandigheden kan delen.

Aan de andere kant, als je wilt stoppen met roken, ligt de sleutel meer in het aannemen van nieuw gedrag dan alleen maar proberen niet te roken. Wanneer u deze vaardigheden en zelfvertrouwen verwerft, is het gemakkelijker voor u om rookvrij te blijven.

Identificeer uw eigen beperkingen en zorg ervoor dat u vooraf op uitdagingen anticipeert

Als u terugvalt, zoek dan naar de redenen en denk na over manieren waarop dergelijke situaties in de toekomst kunnen worden vermeden. Denk ook aan de les die je uit deze ervaring hebt geleerd en wat er moet worden gedaan om te voorkomen dat een dergelijke situatie zich opnieuw voordoet.

Als u uw activiteiten en projecten graag organiseert, kan het vastleggen van een datum een nuttige stap zijn. Denk na over de komende weken en hoeveel tijd u nodig heeft om u voor te bereiden. Zoek bijvoorbeeld een week waarin u niet veel (of geen) belangrijke deadlines heeft op het werk of thuis. Misschien wilt u ook in het weekend beginnen, zodat er activiteiten zijn die u van het roken afleiden.

Als u besluit plotseling te stoppen, kies dan eerst een datum waarop u begint met stoppen en bereid u voor om te stoppen. Als het gemakkelijker voor u is om geleidelijk te stoppen, bepaal dan het schema op basis van de dagen waarop u de hoeveelheid gerookte sigaretten wilt verminderen. Als u de datum vooraf vastlegt, zorgt u ervoor dat u niet meteen opgeeft. En vergeet niet dat nicotinevervangende producten in dit stadium ook nuttig kunnen zijn.

We hebben verschillende benaderingen en procedures bekeken die u zullen helpen stressvrij te stoppen met roken. Al deze elementen – de behoefte aan ontspanning en de aanwezigheid van emotionele steun, het kiezen van gezonde alternatieven, hypnose en andere methoden – zijn essentieel op je pad naar een tabaksvrij leven.

Wees proactief om je geest af te leiden van deze drang. Leid uzelf af, zodat u tijd kunt doorbrengen zonder te roken totdat de drang stopt. Het lijkt misschien moeilijk, maar het is beter dan toegeven aan de wens om in één keer te roken, omdat je dan blijft roken en nooit helemaal stopt.

Om met mogelijke angsten en verlangens om te gaan, moeten mensen die willen stoppen met roken ook ontspannings- en ademhalingsoefeningen overwegen. Adem diep in en houd je adem in terwijl je langzaam uitademt, verhoog je zuurstofinname en kalmeer je lichaam, zodat je je op je gemak voelt, zelfs als de ontwenningsverschijnselen aanhouden.

Zorg voor bepaalde gezonde praktijken en gedragingen als vervanging voor tabak

Door gezonde alternatieven aan uw levensstijl toe te voegen, vergroot u niet alleen uw kansen om te stoppen met roken, maar verbetert u ook uw algehele welzijn. Deze gewoonten kunnen u helpen de leegte op te vullen die het roken achterlaat, terwijl u stress vermindert en het gemakkelijker voor u maakt om u aan te passen aan een tabaksvrij leven.

Als u bovendien een goed uitgebalanceerd dieet volgt, aan lichaamsbeweging doet en voor goede slaapgewoonten zorgt, zal stoppen met roken niet alleen een geweldige kans zijn om uw levensstijl ten goede te veranderen, maar het zal ook uw welzijn ten goede komen!

DE METHODE OM TE STOPPEN MET ROKEN

Een van de voordelen van stoppen met roken is dat mensen hierdoor een gezondere levensstijl kunnen aannemen en goed kunnen eten. Weet je, het is helemaal niet moeilijk om goed te eten. Zorg ervoor dat je een dieet volgt dat gebaseerd is op verschillende voedingsmiddelen, maar in de juiste verhoudingen.

Een van de beste manieren om te stoppen met roken is het gebruik van nicotinevervangende producten die werken door een kleine dosis nicotine in uw bloedbaan af te geven en niet alle gevaarlijke chemicaliën en giftige stoffen die in tabak voorkomen. Ze zijn verkrijgbaar in verschillende vormen en het gebruik ervan moet geleidelijk worden afgebouwd, zodat u eindelijk uw nicotine-inname kunt verminderen en kunt stoppen met roken.

Als u probeert te stoppen met roken, kunnen nicotinevervangende producten (NRP's) een effectieve manier zijn om de onaangename gevoelens die gepaard gaan met nicotineontwenning te minimaliseren. NRP is ook nuttig bij het beheersen van de intense hunkering die vaak ontstaat als je probeert te stoppen.

Hulpmiddelen bij het stoppen met roken, zoals nicotinevervangende therapieën (NRT's), zijn medicijnen die zonder recept verkrijgbaar zijn en die u kunnen helpen de onbedwingbare trek onder controle te houden. Er zijn verschillende vormen van NRT-producten. Het gebruik van slechts één type NRT kan effectiever zijn dan in één keer proberen te stoppen met roken.

Ontwikkel uw eigen welzijn om stress en honger te beheersen

Verwaarloos uw mentale toestand gedurende deze tijd niet. Bovendien kunnen basisademhalingstechnieken, meditatie of zelfs het belonen van jezelf voor elke dag dat je niet rookt, naast het helpen omgaan met de moeilijkheden die gepaard kunnen gaan met ontwenning, zeer effectief zijn in het verminderen van stress!

Een van de eerste stappen op weg naar het creëren van effectieve benaderingen van stressmanagement is begrijpen wat stress betekent en waar het vandaan komt. In de volgende paar paragrafen zullen we strategieën ontdekken over hoe je deze obstakels kunt overwinnen, zoals ontspanning; Daarnaast geven we u enkele suggesties om uw stoppen met roken-ervaring comfortabeler en effectiever te maken.

Stressbeheersing en emotionele controle zijn vaardigheden die kunnen worden geleerd zonder roken, alcohol of angststillers. Het vergt misschien wat werk (en mogelijk wat professioneel advies en ondersteuning van vrienden en familie), maar het is mogelijk!

Tabel met levensstijlgewoonten die u moet ontwikkelen om te stoppen met roken

Levensstijl	Te ondernemen acties
Oefen regelmatig	- Plan elke week fysieke trainingssessies in uw schema. - Kies activiteiten die u leuk vindt en die u motiveren, zoals wandelen, hardlopen, zwemmen of fietsen. - Zoek een trainingspartner om elkaar te ondersteunen bij uw fitnessdoelen.
Eet gezond	- Eet een uitgebalanceerd dieet dat rijk is aan fruit, groenten, volle granen en magere eiwitten. - Beperk uw consumptie van suiker, zout en verzadigd vet. - Kies huisgemaakte maaltijden in plaats van bereide maaltijden of fastfoodmaaltijden.

Om stress te beheersen

- Oefen ontspanningstechnieken zoals meditatie, diepe ademhaling of yoga.

- Identificeer en beheer bronnen van stress in uw leven, hetzij door het oplossen van problemen, het bijstellen van uw verwachtingen of het bieden van sociale steun.

- Gun uzelf de tijd voor vrijetijds- en plezieractiviteiten om te ontspannen en nieuwe energie op te doen.

Triggers vermijden

- Identificeer situaties, mensen of plaatsen die de drang om te roken opwekken en vermijd deze zoveel mogelijk.

- Verander uw dagelijkse routines om gewoonten die verband houden met roken te vervangen door nieuwe gezonde activiteiten.

- Plan alternatieve strategieën om met triggers om te gaan zonder toevlucht te nemen tot sigaretten, zoals een wandelingetje maken of een vriend bellen.

DE METHODE OM TE STOPPEN MET ROKEN

- Neem deel aan activiteiten die u vermaken en uw geest

bezighouden, zoals lezen, bordspellen, muziek of knutselen.

- Zoek naar hobby's of passies die je boeien en waarin je volledig

Zoek afleiding

in jezelf kunt investeren.

- Plan sociale uitjes met vrienden of familieleden om jezelf af te

leiden en plezier te hebben zonder aan sigaretten te denken.

hoofdstuk 7

Versterk de motivatie en het doorzettingsvermogen

Vergroot uw vastberadenheid en doorzettingsvermogen om te stoppen met roken. Herken uw redenen om te stoppen met roken.

Eén ding dat u kan helpen bij het stoppen met roken, is door uw motivatie te beoordelen en na te denken over de voordelen van stoppen. Het is geen geheim dat stoppen met roken je de sleutel zal geven tot een nieuw en veel beter leven, zowel fysiek als mentaal. Hoewel de symptomen van stoppen met roken beangstigend kunnen zijn, kun je je het beste concentreren op de voordelen van stoppen met roken. Een paar uur zonder sigaret en je zuurstofniveau is al hoger; binnen een paar dagen wordt alles weer normaal, kun je weer diep ademhalen en genieten van de geneugten zoals voorheen! Na ongeveer een maand neemt de hoest af en neemt uw energieniveau toe. Na verloop van tijd beginnen zelfs je fysieke prestaties geleidelijk te verbeteren. Eén manier waarop stoppen met roken motiverend kan zijn, is door middel van lichaamsbeweging. Het is echter essentieel dat u niet uw toevlucht neemt tot overmatige lichamelijke activiteit alleen maar om de drang onder controle te houden, aangezien dit ertoe kan leiden dat u verslaafd raakt aan lichaamsbeweging. Na een paar maanden of jaren zonder sigaretten neemt het risico op een hartaanval en beroerte met 50 % af, terwijl dit vergelijkbaar is met dat van iemand die nog nooit gerookt heeft. Binnen tien jaar slaagt het lichaam erin om weer in vorm te komen na het stoppen met roken, en tegelijkertijd keert uw levensverwachting terug naar het niveau waarop deze zou moeten zijn. Naast een betere lichamelijke gezondheid leidt stoppen met roken ook tot een gezondere mentale toestand, waaronder een betere concentratie en zelfvertrouwen. Het is heel eenvoudig en effectief om te stoppen met roken als u gemotiveerd bent.

Motivatie is altijd beschouwd als een van de belangrijke elementen in het proces van stoppen met roken, omdat het begrijpen van waarom u wilt stoppen met roken uw vastberadenheid en wilskracht zal vergroten. De redenen zijn waarschijnlijk verschillend: ofwel om de gezondheid te verbeteren, geld te besparen, een beter rolmodel te zijn voor uw eigen kinderen, of eenvoudigweg om de gevaren die gepaard gaan met tabaksgerelateerde ziekten te minimaliseren. Maak aantekeningen over deze motivaties en houd ze bij de hand als stoppen moeilijk wordt.

Dit inzicht in de motivatie achter uw wens om te stoppen zal u helpen meer manieren te vinden om dit te ondersteunen. Als deze motivatie de neiging heeft af te nemen wanneer ontwenningsverschijnselen optreden, kan een van de opties die u met uw arts kunt bespreken het gebruik van nicotinevervangers zijn. Spannende informatie: met de Kwit -app kunt u uw sigarettenconsumptie volgen!

Potentiële obstakels en uitdagingen bij het stoppen met roken moeten worden geïdentificeerd

Als het gaat om stoppen met roken, is het meestal een persoonlijke reis die moet worden ondernomen en die vaak veel obstakels met zich meebrengt die misschien niet gemakkelijk lijken. Als u echter weet hoe u dit moet doen, over gepersonaliseerde methoden en voldoende ondersteuning beschikt, kunt u aan de nicotineverslaving ontsnappen en een gezonder leven leiden. Deze gids is gemaakt met als doel veel informatie te bieden, maar ook praktisch advies en beproefde strategieën voor elke roker die wil stoppen met roken.

Een van de belangrijkste factoren die bijdragen aan een gezond leven en een verhoogd welzijn is stoppen met roken. Hoewel veel mensen hebben geprobeerd te stoppen met roken, kan de rookgewoonte moeilijk zijn omdat nicotine fysiek en psychologisch verslavend is. Er is echter hoop op een nieuw rookvrij leven, met motivatie en effectieve tactieken.

Hoewel stoppen met roken een uitdaging is, ervaart u grote gezondheidsvoordelen. Van het verbeteren van de longfunctie tot het verminderen van het risico op een ernstige ziekte: het stoppen met de gewoonte is een transformatieve keuze die uw leven positief zal veranderen. Met het juiste ondersteuningssysteem en de nodige wilskracht kun je een nieuwe start maken en genieten van meer kwalitatieve rookvrije jaren.

Het ontwikkelen van een strategie waarmee u kunt stoppen met roken, zou de beste stap zijn

De eerste stap die u moet nemen nadat u heeft besloten te stoppen met roken, is het ontwikkelen van een strategie om te stoppen met roken. Als u een plan heeft, kunt u een doel bereiken dat moet worden bereikt, omdat het u er altijd aan zal herinneren waarom u wilt stoppen met roken, als het tijdens het proces moeilijk wordt en u nog steeds niet kunt stoppen. Leg pen en papier klaar en begin met het plannen van uw rookvrije toekomst!

Het hebben van een duidelijk plan kan een van de manieren zijn waarop u uw doel, namelijk onmiddellijk stoppen met roken, kunt bereiken, omdat het u meer kansen geeft. Een plan moet op papier worden gezet, zodat het je dwingt om dieper na te denken over wat er moet gebeuren en hoe het kan worden gedaan.

Een goede strategie zou kunnen zijn om een datum vast te stellen waarop u wilt stoppen met roken. Dit kan je motiveren, de datum moet ver genoeg verwijderd zijn om voorbereidend werk mogelijk te maken. Als u deze datum in uw agenda markeert, wordt uw engagement om te stoppen met roken versterkt. Bovendien is het kiezen van de methode om te stoppen met roken een van de belangrijkste beslissingen in uw plan. Nadat u hebt besloten te stoppen met roken, is het belangrijk dat u een methode kiest: direct stoppen of geleidelijk minderen. Welke van deze twee benaderingen het beste bij u past, hangt af van wat voor u het beste werkt. Sommige mensen vinden het abrupt stoppen effectiever, terwijl anderen zich meer op hun gemak voelen door geleidelijk hun inname te verminderen. Dit houdt in dat u sigaretten, aanstekers, asbakken en soortgelijke voorwerpen uit uw huis, auto en werkplek verwijdert . Dit is net zo belangrijk als elk van de bovenstaande stappen kan helpen de verleiding om te roken te bestrijden en daardoor uw voornemen om te stoppen kan versterken.

Het stoppen met roken gebeurt niet onmiddellijk, het is een langdurig proces. Motivatie is als een vuur dat altijd in stand moet worden gehouden. Iemand vond geluk in de kleine dingen die hij elke dag deed; Zich onthouden van roken is daar één van. Maar voor iemand anders was de inspiratie dat ze nog jaren voor de boeg had, met een goede gezondheid en geluk om te delen.

Zet een beloningssysteem op door doelen te stellen: Het stellen van korte- en langetermijndoelen en het belonen van jezelf nadat je deze doelen hebt bereikt, zou het proces van stoppen met roken nog motiverender maken. Maak kleine, haalbare mijlpalen voor het stoppen met roken en feliciteer uzelf met elke mijlpaal die u bereikt. Dergelijke beloningen hoeven niet altijd materieel van aard te zijn, maar ook emotioneel, zoals een uitje met vrienden, een moment van ontspanning of tijd om een activiteit te doen die je leuk vindt.

Onthoud: hoe eenvoudig of gemakkelijk het ook lijkt, elke kleine stap is een stap dichter bij uw doel. En ten slotte: begrijp dat je bij deze stap mensen bij je hebt. Omdat er hulpverleners en gezondheidsspecialisten beschikbaar zijn, die allemaal klaar staan om u te helpen het doel van een rookvrij leven te bereiken.

Enkele tips om met terugval om te gaan en dan vastberaden opnieuw te beginnen!

Om het moreel op peil te houden en ons voor te bereiden op eventuele veranderingen in onze plannen, is het noodzakelijk om de voortgang van onze doelen te monitoren. Enkele manieren om uw voortgang bij te houden zijn onder meer het bijhouden van een dagboek met behulp van een app voor het bijhouden van gewoontes. Vergeet ook niet om je te verheugen over de kleine overwinningen en prestaties van deze reis, omdat ze helpen de motivatie en focus te behouden.

Aarzel niet om naar ons advies te luisteren, vraag om hulp en houd er rekening mee dat de kans groot is dat u herstelt; het kost tijd en het proces verloopt geleidelijk! Vertrouw langzaam maar zeker op jezelf. Als u dit boek volledig heeft gelezen, kunt u er zeker van zijn dat u op de goede weg bent om de controle over uw welzijn terug te krijgen. Nu resteert alleen nog de laatste kilometer! ".

Tijdens uw reis wordt het belangrijk om uw doelen te herzien en te herzien om ze actueel en haalbaar te houden. Naarmate je vordert in je academische reis, kunnen situaties veranderen of kunnen zich nieuwe kansen voordoen. Als u uw doelstellingen regelmatig evalueert en bijstelt, kunt u zich aan deze veranderingen aanpassen en gelijke tred houden met uw veranderende ambities.

Als er nog geen viering gepland is, is dit het moment om dat te doen, omdat vooruitgang en successen bij het overwinnen van zelfs kleine obstakels de moeite waard zijn om te bemoedigen.

Aan de andere kant moet zelfgenoegzaamheid worden vermeden, ook al is het van cruciaal belang om kleine prestaties te waarderen. Het vieren van kleine overwinningen mag dus geen excuus worden om te stoppen met werken aan het bereiken van het gewenste doel. Tegelijkertijd is het belangrijk om niet te ontspannen en tevreden te zijn met wat je hebt bereikt, en om naar meer te streven. Als je het op deze manier bekijkt, houdt het waarderen van de kleine overwinningen je gemotiveerd en gefocust.

Erken en herdenk uw prestaties wanneer u de finish overschrijdt of gewenste doelen bereikt, ook al zijn het kleine stapjes. Dit zal fungeren als een drijvende kracht om u op de been te houden en zal u ook herinneren aan de redenen voor uw beslissing om te stoppen met roken.

Je zult voldoening voelen als je een eenvoudige taak voltooit, en het zal je erg trots op jezelf maken. Trots op je prestatie blijft je ertoe aanzetten om meer van je doel te bereiken. Het vieren van kleine overwinningen werkt als een katalysator die je aandacht ook op je uiteindelijke doel zal richten. Om ervoor te zorgen dat je niet vergeet hoe ver je tot nu toe bent gekomen.

Tafel om uw motivatie en doorzettingsvermogen te versterken

Strategieën	Te ondernemen acties
Identificeer persoonlijke motivaties	- Denk na over de redenen waarom u wilt stoppen met roken, of dit nu om gezondheidsredenen, financiële redenen, familiale redenen is of om uw vrijheid te herwinnen. - Schrijf deze motivaties op een vel papier en leg het op een zichtbare plaats waar je het regelmatig kunt raadplegen om jezelf eraan te herinneren waarom je hebt besloten te stoppen.
Stel realistische doelen	- Stel duidelijke en specifieke doelen voor uw stoppen met roken, zoals het geleidelijk verminderen van het aantal gerookte sigaretten per dag, het bereiken van

een bepaalde tijdsduur zonder roken, of het besparen

van een bepaald bedrag.

- Breek deze doelen op in kleinere, beter haalbare

stappen, zodat u uw voortgang kunt meten en

gemotiveerd kunt blijven.

- Neem elke dag de tijd om uw succes als niet-roker te

visualiseren. Stel je voor dat je geniet van een betere

gezondheid, hervonden vrijheid en een bevredigender

Visualiseer

leven zonder de verslaving aan sigaretten.

succes

- Gebruik positieve visualisatietechnieken om uw

vertrouwen te vergroten in uw vermogen om succesvol

te stoppen met roken.

- Omring uzelf met mensen die u steunen bij uw

pogingen om te stoppen met roken, of dit nu vrienden,

familieleden, collega's of gezondheidswerkers zijn.

Vind steun   - Sluit u online of persoonlijk aan bij steungroepen

waar u uw ervaringen kunt delen, advies kunt krijgen

en steun kunt krijgen van mensen die hetzelfde

doormaken als u.

- Creëer visuele herinneringen aan uw voornemen om

te stoppen met roken, zoals plakbriefjes op uw

badkamerspiegel, koelkast of bureau, of inspirerende

Gebruik   afbeeldingen op uw mobiele telefoon of computer.

herinneringen   - Gebruik mobiele apps of online tools om uw

voortgang bij te houden, uw rookgewoonten in de

gaten te houden en persoonlijke aanmoediging en

advies te krijgen.

Beloon de

voortgang

- Beloon uzelf voor elke stap die u zet in de richting van uw doel: stoppen met roken. Het kan iets simpels zijn, zoals het kopen van een boek dat je altijd al wilde lezen, jezelf trakteren op een ontspannende massage of het plannen van een speciaal uitje met vrienden of familie.

- Maak een lijst van de beloningen die u uzelf geeft als u uw doelen bereikt, en gebruik ze als extra motivatie om op koers te blijven.

Hoofdstuk 9

Enkele tips om alle kansen aan uw kant te zetten

Zorg ervoor dat uw maaltijden gezond en uitgebalanceerd zijn.

Streef ernaar een gezond eetpatroon te behouden door vooral het eten van vet voedsel, zoute maaltijden en suikerhoudende dranken te beperken, die vaak worden genuttigd als u stopt met roken. We merken dit gedrag vrij vaak onder rokers, omdat sigarettenrook de smaakpapillen verdooft en ervoor zorgt dat ze vet en zout voedsel eten met een sterkere smaak dan groentegerechten.

Je kunt er een gewoonte van maken om elke keer dat je gaat winkelen gezond voedsel te kopen en te eten. Deze omvatten seizoensfruit en -groenten, peulvruchten, granen (indien mogelijk volle granen), vis of wit vlees, naast andere voedzame voedingsmiddelen. Aan de andere kant proberen we zoete producten (zoetwaren, frisdranken, enz.), zoute producten (aperitiefkoekjes, chips, enz.), vette producten (vleeswaren, boter, room, enz.) of ultrabewerkte producten te vermijden. . Bovendien consumeren wij nooit een product met een Nutri-Score D of E.

Voeg bij elke maaltijd zetmeelrijk voedsel toe, evenals groenten. Brood, pasta, rijst en peulvruchten mogen niet worden uitgesloten vanwege het risico op gewichtstoename! Ze zorgen vooral voor blijvende verzadiging en bieden krachtige bescherming tegen het hongergevoel in de late namiddag.

Om uitdroging te voorkomen is het belangrijk om voldoende water te drinken

Om gehydrateerd te blijven, kan water de beste partner zijn die je kunt hebben! Vergeet niet om een fles water bij je te hebben en drink elke dag ongeveer 1,5-2 liter water. Wanneer u wordt achtervolgd door een verlangen om te roken, verdwijnt dit vaak nadat u een groot glas water hebt gedronken en ongeveer drie minuten of langer hebt ontspannen. Je kunt ook citroenwater, thee, soep of koffie nemen... Wees voorzichtig met dat laatste, want het is bekend dat de meeste rokers hun koffiepauze associëren met tabak.

Bepaalde dranken worden niet aanbevolen bij het stoppen met roken, omdat ze het roken vaak versterken. Dit is bijvoorbeeld het geval bij koffie of zelfs alcohol. Om vaker voorkomende gevoelens van woede en stress te voorkomen, is het essentieel om bij het stoppen met roken geen stimulerende middelen te drinken.

Laten we het voorbeeld nemen van een noodsituatie: als u zich overweldigd voelt door een onlesbaar verlangen om te roken, pak dan een groot glas water. Dit zal helpen de hersenen af te leiden. Op dezelfde manier is het raadzaam om gemiddeld ongeveer 1,5 liter vocht per dag te drinken, en als u stopt met roken, kan iets meer ook nuttig zijn.

De beste manier om het te bereiden is door alcoholische dranken te vermijden

Het is het beste om weg te blijven van andere dranken zoals koffie of alcohol. Ze houden meestal verband met roken en kunnen bepaalde bijwerkingen van het stoppen met roken verergeren, zoals opwinding, angst, slaapproblemen, enz.

Drink niet te veel thee of koffie! Voeg geen extra stimulerende middelen toe. Wil je een tussendoortje zonder al te veel calorieën binnen te krijgen, kies dan voor kwark, natuuryoghurts (zelf zoeten) en fruit. In plaats van bananen, citrusvruchten en druiven geven we de voorkeur aan appels of peren, die als stevige snacks kunnen worden beschouwd.

Het drinken van thee of water kan een goede optie zijn als het drinken van koffie u aan roken doet denken. Even buiten wandelen zou ook helpen. U moet alle asbakken in uw huis weggooien. Door veranderingen aan te brengen in uw dagelijkse routine kunt u nieuwe gewoonten aanleren die niets met roken te maken hebben, zodat u niet in situaties terechtkomt die hunkering veroorzaken.

Een van de beste manieren om een gezonde levensstijl te behouden, is ervoor zorgen dat u voldoende slaap krijgt

Wanneer u uw ogen begint te voelen tintelen, begint u te bibberen of te gapen – het is tijd om naar bed te gaan. De meeste slaapcycli duren elk anderhalf uur, en als je er één mist, moet je wachten op de volgende.

Bevrijd uw nicotinesysteem op een comfortabelere manier en geef u de rust die uw lichaam verdient.

Ook het slaappatroon ondergaat veranderingen. Nachtmerries, slaapproblemen en soms zelfs nachtelijk zweten kunnen de nachten ongeveer drie tot vier weken na het spenen verstoren. Bovendien kunnen symptomen die verband houden met nicotineonthouding en -ontwenning verder bijdragen aan verstoringen van het slaappatroon.

Houd rekening met hunkeren naar en ontwenningsverschijnselen

U kunt uw ontwenningsverschijnselen effectief beheersen door ze te herkennen wanneer ze zich voordoen. Besteed tijd aan het opschrijven van één of twee benaderingen voor de behandeling van elk ontwenningsverschijnsel. Als u zich bijvoorbeeld rusteloos voelt, kan een wandeling een mogelijke manier zijn om dit aan te pakken.

Dit is de moeilijkste eerste maand om doorheen te komen, maar uiteindelijk zullen veel ontwenningsverschijnselen verdwijnen. Fysieke manifestaties vormen een aanzienlijke barrière bij het stoppen met roken en vormen voor sommige mensen zelfs een ondoordringbare barrière.

Blijf gefocust en geef niet toe aan je verlangens

U kunt ook voorwerpen weggooien die u tot roken kunnen aanzetten, zoals het weggooien van pakjes sigaretten, het verstoppen van asbakken en aanstekers. Draag ook geen sigaretten bij u en vraag er niet om aan een roker. Was bovendien uw kleding om de rookgeur te verwijderen.

Om u te helpen roken te voorkomen, moet u eventuele triggers voor roken vermijden. Zodra u stopt met roken, moet u deze triggers uit uw leven verwijderen of verwijderen. Als de geur van koffie je meestal verleidt om te gaan roken, overweeg dan om over te stappen op thee of drinkwater. In plaats van je gebruikelijke rookroutine te volgen wanneer je vrienden op feestjes ontmoet, probeer dan andere manieren te vinden om ze te ontmoeten totdat je je zelfverzekerd en comfortabel genoeg voelt om met deze situaties om te gaan zonder dat je hoeft te roken.

Een van de meest effectieve methoden om verleidingen te bestrijden is ze te vermijden. Als iets of iemand een verlangen opwekt, breng jezelf dan niet in hun aanwezigheid. Het is belangrijk om te leren potentiële omstandigheden te identificeren waarin u in de verleiding zou kunnen komen, en vervolgens twee of drie strategieën te bedenken die u in zo'n geval kunt gebruiken.

Hoofdstuk 10

Ondersteuning en opvolging na stopzetting

Om terugval te voorkomen is het essentieel om ook na succesvol stoppen met roken ondersteuning en toezicht te krijgen, ondanks de moeilijkheden die u ondervindt bij het stoppen met roken.

Nadat u bent gestopt met roken, moet u de verleiding weerstaan om opnieuw te beginnen. Gebruik de lessen die je hebt geleerd, de technieken die je beheerst en het zelfvertrouwen dat je tot nu toe hebt ontwikkeld om deze terugval te voorkomen. Bewaar zijn advies voor later, want elke keer dat u overweegt te roken, moet u uw gedachten ergens anders op richten.

De beslissing nemen om te stoppen met roken is een daad van moed, maar ook een daad die gepaard gaat met fysieke en psychologische problemen. Veel mensen vinden de eerste week bijzonder moeilijk, omdat hun lichaam zich aanpast aan een leven zonder nicotine en ontwenningsverschijnselen ervaren.

Uitwijken betekent bijvoorbeeld een sigaret opsteken en diep ademhalen of zelfs een hele roken. Dit betekent niet dat u weer regelmatig gaat roken, maar het is wel van essentieel belang dat u uw pogingen om snel te stoppen met roken weer oppakt.

Onthouding van roken wordt sterk beïnvloed door sociale steun

Als we het hebben over ondersteuning bij het stoppen met roken, bedoelen we meestal de hulp die een zorgverlener of specialist biedt om iemand te helpen stoppen met roken. Dit soort ondersteuning kan interviews van verschillende lengte omvatten en kan plaatsvinden vóór het stoppen, tijdens het proces of zelfs daarna.

Bovendien zijn mediacampagnes essentiële elementen geworden van alle tabakscontroleprogramma's. Ze zorgen ervoor dat informatie de hele bevolking kan bereiken en de overtuigingen, percepties en attitudes van bepaalde mensen kan veranderen. Deze campagnes kunnen worden gebruikt om boodschappen over het stoppen met roken over te brengen, zoals de voordelen van stoppen met roken.

De verschillende partners werken samen aan het opzetten van een ondersteuningssysteem dat tot doel heeft het bewustzijn onder veel rokers te vergroten. Het doel is om alle rokers die deelnemen te ondersteunen door hen nuttig advies en aanmoediging te geven, en hen te begeleiden naar hun succes.

Aan het hoofd van deze teams staat meestal een arts, een psycholoog, een voedingsdeskundige en soms zelfs een fysiotherapeut, die gepersonaliseerde ondersteuning bieden die is aangepast om verslavingsproblemen te helpen overwinnen. Een centrum werkt nauw samen met een behandelend arts; Dit zorgt ervoor dat een patiënt op elk moment professionele hulp kan krijgen als hij die nodig heeft.

De rol van beroepsbeoefenaren in de gezondheidszorg bij het monitoren van hun patiënten

Het doel van gezondheidswerkers is om de motivatie van patiënten te vergroten om hun gedrag te veranderen. Het impliceert ook een gedetailleerde uitwisseling tussen de zorgverlener en de patiënt. Door samen te werken bevordert dit interview de discussie over verandering, de verwachte voordelen en ondersteunt het de autonomie. Het dwingt de patiënt niet om veranderingen aan te brengen.

Gezondheidswerkers, waaronder artsen, apothekers, verpleegkundigen, psychologen en verslavingsspecialisten , kunnen een cruciale rol spelen bij stoppen met roken-interventies. Dit maakt deel uit van hun praktijk, omdat ze vaak patiënten tegenkomen die risico lopen of al lijden aan tabaksgerelateerde ziekten en die veel baat zouden hebben bij stoppen met roken. Door hen te helpen stoppen met roken, kunnen deze beroepsbeoefenaren in de gezondheidszorg mogelijk de ontwikkeling van verschillende levensbedreigende ziekten voorkomen of vertragen.

Volgens een onderzoek, waarbij 117.000 vrouwen in de leeftijd van 30 tot 55 jaar twaalf jaar lang werden gevolgd, nam het risico op een beroerte snel af nadat ze waren gestopt met roken. Dit voordeel lijkt onafhankelijk te zijn van de leeftijd waarop men begint met roken of het aantal gerookte sigaretten per dag. Op dezelfde manier had een groep van 475.734 mannen in de leeftijd van 30 tot 58 jaar die stopten met roken een significant lager risico op een beroerte vergeleken met degenen die meer dan 20 sigaretten per dag bleven consumeren.

Effectieve methoden om de hunkering onder controle te houden en te voorkomen dat u terugvalt in een terugval

Om u voor te bereiden op een succesvolle shutdown of een volgende shutdown-poging, is het van groot belang om uw omgeving te analyseren en te organiseren. Zo kunt u een van deze "risicosituaties" identificeren en beheren. Er zijn talloze 'risicovolle' situaties.

De huid op de pleister moet droog en vrij van haar zijn, en op een schone, gezonde huid op de borst of arm moeten transdermale pleisters worden aangebracht. Huiduitslag kan worden vermeden als u elke dag van site verandert. Het is prima om een bad of douche te nemen met de pleister voor transdermaal gebruik. Niettemin wordt aangeraden om de pleister twee uur vóór zware lichamelijke inspanning te verwijderen, om een overdosis van het medicijn te voorkomen.

Elk medicijn heeft zijn indicaties, voor- en nadelen. De standaarddosis moet eerst worden toegediend en vervolgens indien nodig worden aangepast. In bepaalde gevallen moet het gecombineerde gebruik van de continue vorm zoals de pleister en andere flexibelere vormen zoals kauwgom of tablet plaatsvinden met toestemming van de arts.

Niet roken kan op de lange termijn voordelen voor uw gezondheid hebben.

Het is belangrijk op te merken dat stoppen met roken voor een langere periode kan resulteren in meer gezondheids- en lichaamsvoordelen. Bovendien heeft stoppen met roken op elke leeftijd positieve resultaten. Als u bijvoorbeeld op 40-jarige leeftijd stopt met roken, kan uw levensverwachting met 7 jaar worden verhoogd, terwijl een stijging van de levensverwachting met 4 jaar mogelijk is als u deze beslissing op 50-jarige leeftijd neemt.

Blijf gezond en geniet van het leven, omdat je al besloten hebt om te stoppen met roken, vertaalt dit zich ook in het behouden van een gezond lichaam door ervoor te kiezen gezonde levensstijlgewoonten aan te nemen. Een goede bloedcirculatie is belangrijk voor een uitstekende algehele gezondheid; en elke dag die voorbijgaat zonder te roken, helpt uw bloedcirculatie te verbeteren en de kwaliteit van uw leven te verhogen.

Stoppen met roken helpt u weer op het goede spoor te komen en ten volle van het leven te genieten. Binnen een week kunt u de voordelen van het stoppen met roken al waarderen: verminderde blootstelling aan kankerverwekkende stoffen en andere gifstoffen, betere longfunctie, meer energie, verbeterde smaak en geur, lagere mate van afhankelijkheid, verhoogde bloedcirculatie die gunstig is voor het lichaam. systemen en verbeterd persoonlijk succes.

Ondersteuning en trackingschema voor afsluiten

Fase	Beschrijving	Verantwoordelijk	Frequentie	Doel/Doel
Initiële beoordeling	Beoordeling van nicotineafhankelijkheid, algemene gezondheid en rookgewoonten.	Medisch professional	Eén keer voordat je stopt	Stel een basislijn vast voor monitoring en planning.
Stel een stopdatum in	Kies een datum om definitief te stoppen met roken.	Individueel	Eén keer voordat je stopt	Bereid jezelf mentaal en emotioneel voor op de shutdown.

Strategieplanning	Identificeer en plan strategieën om met rooktriggers om te gaan, hunkeren naar en stress te beheersen.	Individueel, zorgprofessional	Voor en na het stoppen	Versterk de vaardigheden op het gebied van terugvalweerstand.
Ontwenningsverschijnselen volgen	Het monitoren en beheersen van ontwenningsverschijnselen, zoals prikkelbaarheid, hoofdpijn, slapeloosheid, enz.	Individueel, zorgprofessional	Bij aanvang van de shutdown en indien nodig	Verminder ontwenningsverschijnselen en voorkom terugval.

Sociale steun	Betrek familie, vrienden of steungroepen bij het stopproces.	Individueel, familie, vrienden, steungroepen	Gedurende het hele proces	Versterk emotionele steun en verantwoordelijkheid.
Terugvalmanagement	Identificeer terugvaltriggers en ontwikkel strategieën om hiermee om te gaan.	Individueel, zorgprofessional	Gedurende het hele proces	Voorkom en beheer terugval effectief.

7 dagen programma

Dag 1-7: Voorbereiding en bewustwording

Dag 1: Stel uw definitieve stopdatum in. Gooi al uw sigarettenpakjes, aanstekers, asbakken en andere tabaksgerelateerde accessoires weg.

Dag 2-3: Identificeer uw sigarettentriggers (stressvolle momenten, dagelijkse gewoonten, enz.) en begin alternatieven te overwegen om deze te beheersen.

Dag 4-5: Begin regelmatig met sporten om ontwenningsverschijnselen te verminderen en uw algehele gezondheid te verbeteren.

Dag 6-7: Vertel uw familie en vrienden over uw beslissing om te stoppen met roken. Vraag hen om hun steun en begrip.

Dag 8-14: Begin van het spenen

Dag 8-10: Verminder geleidelijk uw sigarettenconsumptie. Probeer één sigaret minder per dag te roken.

Dag 11-12: Identificeer de tijden waarop u het liefst wilt roken en zoek afleiding of alternatieve activiteiten om deze te vervangen.

Dag 13-14: Ga door met het verhogen van de fysieke activiteit en lichaamsbeweging om de onbedwingbare trek te verminderen en uw algehele welzijn te verbeteren.

Dag 15-21 : Consolidatie van de terugtrekking

Dag 15-17: Elimineer geleidelijk de resterende sigaretten. Probeer uw consumptie te beperken tot één sigaret per dag of minder.

Dag 18-19: Gebruik ontspanningstechnieken zoals meditatie of diepe ademhaling om stress en onbedwingbare trek te beheersen.

Dag 20-21: Vind gezonde manieren om uzelf te belonen voor elke dag zonder roken. Denk aan de besparingen en de gezondheidsvoordelen.

Dag 22-30: Consolidatie en onderhoud van de shutdown

Dag 22-24: Blijf focussen op de voordelen van niet roken. Merk de verbeteringen op in uw gezondheid en kwaliteit van leven.

Dag 25-27: Vermijd situaties en plaatsen die de drang om te roken kunnen veroorzaken. Blijf omringd door mensen die jou steunen in jouw aanpak.

Dag 28-30: Feliciteer uzelf met het bereiken van deze cruciale mijlpaal. Blijf alert op verleidingen en blijf de strategieën toepassen die u heeft ontwikkeld om rookvrij te blijven.

QUIZ

Hoe vaak rookt u sigaretten?

A. Meer dan één pakje per dag

B. Tussen een half en één pakje per dag

C. Minder dan één pakje per dag

D. Af en toe of sociaal

Hoe snel na het ontwaken rookt u uw eerste sigaret?

A. Minder dan 5 minuten

B. Tussen 6 en 30 minuten

C. Tussen 31 minuten en 1 uur

D. Meer dan een uur na het ontwaken

Vindt u het lastig om niet te roken op plaatsen waar dit verboden is, zoals openbare gelegenheden of het openbaar vervoer?

A. Ja, heel moeilijk

B. Ja, enigszins moeilijk

C. Nee, niet echt moeilijk

D. Nee, helemaal niet moeilijk

Hoe geïrriteerd of angstig voelt u zich als u niet kunt roken op een plek waar het verboden is?

A. Extreem geïrriteerd of angstig

B. Een beetje geïrriteerd of angstig

C. Niet erg geïrriteerd of angstig

D. Helemaal niet geïrriteerd of angstig

Hoeveel sigaretten rookt u per dag?

A. Meer dan 20 sigaretten per dag

B. Tussen 10 en 20 sigaretten per dag

C. Minder dan 10 sigaretten per dag

D. Minder dan 5 sigaretten per dag of geen

Vindt u het moeilijk om niet te roken in sociale situaties waarin iedereen om u heen rookt?

A. Ja, heel moeilijk

B. Ja, enigszins moeilijk

C. Nee, niet echt moeilijk

D. Nee, helemaal niet moeilijk

Hoeveel serieuze pogingen om te stoppen met roken heeft u in uw leven ondernomen?

A. Geen

B. Een of twee

C. Drie tot vijf

D. Meer dan vijf

Hoe afhankelijk voelt u zich van sigaretten?

A. Extreem afhankelijk

B. Tamelijk afhankelijk

C. Een beetje afhankelijk

D. Helemaal niet afhankelijk

Bereken uw score:

EEN = 3 punten

B = 2 punten

C = 1 punt

D   =   0   punten

Resultaten interpretatie:

0-4 punten: Uw afhankelijkheid van sigaretten is relatief zwak.

5-10 punten: Je bent matig verslaafd aan sigaretten.

11-16 punten: Uw afhankelijkheid van sigaretten is groot.

17-24 punten: Je bent erg afhankelijk van sigaretten.

Conclusie

In onze zoektocht naar een bevredigend en gezond leven vormt stoppen met roken vaak een grote uitdaging. Het boek "Bevrijd jezelf van sigaretten: dit boek biedt een sprankje hoop en een pad naar een tabaksvrij leven. Hier is een samenvatting van de belangrijkste punten die in deze gids worden behandeld, waarbij de gevaren van roken worden benadrukt en de voordelen die daarmee gepaard gaan het besluit om ervan af te zien.

De gevaren van roken:

Impact op de lichamelijke gezondheid: Roken wordt in verband gebracht met een breed scala aan gezondheidsproblemen, waaronder hart- en vaatziekten, longkanker en chronische aandoeningen van de luchtwegen.

Psychologische gevolgen: Naast de fysieke effecten kan roken ook een negatieve invloed hebben op de geestelijke gezondheid, waardoor het risico op depressie en angst toeneemt.

Milieueffecten: Roken heeft ook invloed op het milieu, omdat het bijdraagt aan de luchtvervuiling en het genereren van giftig afval.

De voordelen van stoppen met roken:

Verbeterde gezondheid: Stoppen met roken leidt tot een aanzienlijke verbetering van de gezondheid, waardoor het risico op ernstige ziekten wordt verminderd en de levensverwachting wordt   verlengd.

Betere levenskwaliteit: Door zichzelf te bevrijden van nicotineverslaving, vinden individuen een betere levenskwaliteit, met gemakkelijker ademhalen, een betere fysieke conditie en meer energie.

Financiële besparingen: Stoppen met roken levert op de lange termijn ook aanzienlijke financiële besparingen op, waardoor de kosten van het kopen van sigaretten worden vermeden en de gezondheidszorgkosten die met roken gepaard gaan, worden verlaagd.

Samenvattend benadrukt het boek het cruciale belang van het beëindigen van tabaksverslaving om iemands algehele gezondheid en welzijn te verbeteren. Door de gevaren van roken te begrijpen en de vele voordelen te erkennen die het stoppen met roken met zich meebrengt, worden lezers aangemoedigd om aan deze reis naar een tabaksvrij leven te beginnen, geleid door de overtuiging dat elke stap richting vrijheid een stap is naar een gezonder en bevredigender leven.

Wat dacht je ervan?

Het helpt ons enorm als u uw recensie over het boek op Amazon achterlaat, ook al is deze kort.

Dus ook al zijn het maar een paar woorden, ik zou het zeer op prijs stellen als u mij uw gevoelens in een reactie achterlaat.

Om dit te doen, scan je de QR-code hieronder of log je in op je Amazon-account, klik je op Bestellingen, zoek je naar dit boek en klik je vervolgens op de knop Schrijf een recensie.

Bedankt

Ik wil graag mijn dank uitspreken aan de mensen die dit boek mogelijk hebben gemaakt.

Ik bedank ook mijn vrienden die een belangrijke inspiratiebron zijn geweest met betrekking tot de problemen die ik dagelijks tegenkom. Het delen van onze ervaringen was vanuit persoonlijk oogpunt zeer verrijkend.

Dank aan de lezers, in de hoop dat dit boek u de sleutels kan geven om te stoppen met roken.

auteursrechten

www.ingramcontent.com/pod-product-compliance
Lightning Source LLC
Chambersburg PA
CBHW050803250726

48653CB00006B/2055